L'homme qui ne pouvait pas perdre

Richard Harding Davis

Writat

Cette édition parue en 2024

ISBN : 9789359948119

Publié par
Writat
email : info@writat.com

L'HOMME QUI NE POUVAIT PAS PERDRE

Par Richard Harding Davis

Les Carter s'étaient mariés à la hâte et refusaient de se repentir à loisir. Ils étaient si aveuglément amoureux qu'ils considéraient leur mariage comme leur plus grand atout. Le reste du monde, représenté par des amis communs, considérait que c'était la seule chose qui pouvait être opposée à l'un ou l'autre. Même s'ils étaient célibataires, chacun d'eux était populaire. En tant que célibataire, le jeune « Champ » Carter avait rempli convenablement sa modeste place. Les hôtesses le recherchaient pour les dîners et les fêtes du week-end, les hommes de son âge, pour le golf et le tennis, et les jeunes filles l'aimaient bien parce que lorsqu'il parlait à l'une d'elles , il ne parlait jamais de lui et ne laissait pas son regard se tourner vers une autre fille. . Il avait été élevé par un père riche d'une manière coûteuse, et le père riche était ensuite mort, laissant Champneys seul au monde, sans argent et avec même quelques dettes de son père. Ces dettes d'honneur, le fils, depuis qu'il avait quitté Yale, avait payé. Cela l'avait maintenu très pauvre, car Carter avait choisi de vivre de sa plume et, bien qu'il écrivait avec beaucoup de soin et de lenteur, les rédacteurs des magazines avaient été tout aussi prudents et lents à accepter ce qu'il écrivait.

Avec un revenu si incertain que la seule chose qu'on pouvait en dire avec certitude était qu'il était trop petit pour subvenir à ses propres besoins, Carter n'aurait pas dû penser au mariage. Et, il faut le reconnaître, il n'y avait pas pensé jusqu'à ce que vienne la jeune fille qu'il voulait épouser.

Le problème avec Dolly Ingram, c'était sa mère. Sa mère était une personne vraiment terrible. C'était tout à fait impossible. Elle était une leader sociale et d'une telle importance que les princes en visite et les journalistes mondains, même entre eux, ne se moquaient pas d'elle. Sa liste de visites était si réduite qu'elle n'avait pas de secrétaire sociale, mais, disait-on, rédigeait elle-même ses invitations. Les stylites sur son pilier étaient moins exclusifs. Il n'a pas non plus pris sa position exaltée mais solitaire avec moins de sens de l'humour. Quand Ingram mourut et lui laissa plusieurs millions dont elle pouvait disposer à sa guise, même jusqu'à l'allocation qu'elle devrait donner à leur fille, il ne lui laissa qu'une seule ambition inassouvie. Il s'agissait de marier sa Dolly à un duc anglais. Princes hongrois, marquis français, comtes italiens, barons allemands, Mme Ingram ne voyait pas. Son gendre doit être duc. Elle en avait les yeux rivés sur deux, l'un quelque peu usé et l'autre en faillite ; et à l'entraînement, elle en avait un à peine majeur. Elle se voyait déjà comme une sorte de duchesse douairière par alliance, discutant avec de vraies duchesses douairières de la manière d'élever des comtes et des vicomtes de jeunesse. Pendant trois ans en Europe, Mme Ingram avait entraîné sa fille à jouer le rôle qu'elle voulait qu'elle joue. Mais, de retour dans son pays natal, Dolly, qui possédait tous les sentiments, les frissons et les battements de cœur que sa mère ignorait, tomba ingrat profondément amoureuse de Champneys Carter et de lui d'elle. C'était toujours une question de controverse entre eux quant à savoir lequel était le premier tombé amoureux de l'autre. Pour une question d'histoire, les honneurs étaient égaux.

Il l'a vue pour la première fois lors d'un orage, dans le paddock des courses, portant un imperméable à col relevé et un chapeau Panama à bord rabattu. Elle parlait, en termes de familiarité affectueuse, avec The Scout, le petit de deux ans de Cuthbert. Le Scout venait de perdre une course par le nez, et Dolly tenait le nez contre sa joue et le réconfortait. Les deux formèrent un tableau charmant et, tandis que Carter trébuchait dessus et s'arrêtait, le cheval de course baissa les yeux et sembla dire : « Ne voudriez-vous pas organiser une course pour cela ? Et la jeune fille leva les yeux et parut dire : « Quel beau et brillant jeune homme ! Pourquoi est-ce que je ne sais pas qui tu es ?

Alors, Carter a couru pour trouver Cuthbert et lui a dit que le Scout était devenu boiteux. Quand, à leur retour, Miss Ingram refusa de desserrer son emprise sur le nez du Scout, Cuthbert marmonna en s'excusant le nom de Carter, et avec une certaine admiration celui de Miss Ingram, puis, à sa grande surprise, les deux jeunes gens perdirent tout intérêt pour le Scout et errèrent. loin ensemble sous la pluie.

Au bout d'une heure, alors qu'ils se séparèrent à la tribune du club, pour laquelle Carter ne pouvait pas se permettre de payer un billet, il demanda avec mélancolie : « Venez-vous souvent courir ? » et Miss Ingram dit : « Voulez-vous dire : est-ce que je viens demain ?

"Je fais!" dit Carter.

"Alors pourquoi n'as-tu pas dit ça?" » demanda Miss Ingram. « Sinon, je ne serais peut-être pas venu. J'ai le car de Holland House pour demain et, si vous voulez bien nous rejoindre, je vous réserverai une place et vous pourrez vous asseoir dans notre loge.

« J'ai vécu si longtemps à l'étranger, a-t-elle expliqué, que j'ai peur de ne pas être simple et directe comme les autres filles américaines. Pensez-vous que je vais m'en sortir ici, à la maison ? »

"Si vous vous entendez avec tout le monde aussi bien qu'avec moi", dit Carter d'un ton morose, "je me tirerai une balle."

Miss Ingram sourit pensivement. « À onze heures donc, dit-elle, devant la Holland House.

Carter s'éloigna avec une suffocation agitée et chaude autour du cœur et une légèreté joyeuse dans ses pieds. Au premier homme qu'il rencontra, il demanda : « Qui était la belle fille à l'imperméable ? Et quand l'homme le lui dit, Carter le quitta sans parler. Car elle était la fille la plus riche d'Amérique. Mais le lendemain, cette faute parut si peu l'affliger que Carter, lui aussi, refusa de la laisser reposer sur sa conscience, et ils furent très heureux. Et chacun voyait qu'ils étaient heureux parce qu'ils étaient ensemble.

La mère ridicule n'était pas présente aux courses, mais après que Carter ait commencé à appeler chez eux et ait été invité à dîner, Mme Ingram l'a reçu avec son impolitesse habituelle. Elle ne l'a jamais considéré comme un obstacle à la réussite de son ambition. En tant que petit ami de sa fille, elle le classait parmi « son » avocat et « son » architecte et un peu plus haut que « la personne » qui avait disposé les fleurs. Dolly, à son tour, ne considérait pas non plus sa mère ; car deux mois plus tard, un autre sujet de controverse entre Dolly et Carter concernait celui qui avait proposé à l'autre en premier. Carter protesta qu'il n'y avait jamais eu de proposition formelle et que dès le début, ils avaient tous deux pris pour acquis qu'ils seraient mariés. Mais Dolly a insisté sur le fait que parce qu'il avait peur de son argent ou de sa mère, il l'avait forcée à lui proposer.

« Vous n'auriez pas pu m'aimer beaucoup, se plaignit-elle, si vous aviez laissé une petite chose comme l'argent vous faire hésiter. »

"Ce n'est pas une petite chose", suggéra Carter. « On dit que c'est plusieurs millions, et il se trouve que c'est le vôtre. Si c'était le MIEN, maintenant ! » « L'argent, dit sentencieusement Dolly, est donné aux gens pour les rendre heureux, pas pour les rendre malheureux. »

"Attendez que je vende mes histoires aux magazines", a déclaré Carter, "et alors je serai indépendant et pourrai vous soutenir."

Le plan ne semblait pas à Dolly comme susceptible de conduire à un mariage précipité. Mais il était sensible à ses histoires et elle ne voulait pas le blesser.

« Marions-nous d'abord », suggéra-t-elle, « et ensuite je pourrai t'ACHETER un magazine. Nous l'appellerons CARTER'S MAGAZINE et nous n'y imprimerons rien d'autre que vos histoires. Ensuite, nous pourrons nous moquer des éditeurs !

"Pas aussi fort qu'ils le feraient", a déclaré Carter.

Avec trois mille dollars en banque et trois histoires acceptées et dix-sept encore à raconter, et avec Dolly lui disant quotidiennement qu'il était évident qu'il ne l'aimait pas, Carter décida qu'ils étaient prêts, main dans la main, à se jeter dans la mer du mariage. . Son entretien à ce sujet avec Mme Ingram fut des plus douloureux. Cela dura le temps qu'il lui fallut pour sortir de son salon jusqu'au pied de son escalier. Elle se parlait toute seule, et les seuls mots dont Carter était sûr étaient « absurde » et « une insolence intolérable ». Plus tard dans la matinée, elle envoya une note à son appartement, lui interdisant non seulement sa fille, mais la maison dans laquelle vivait sa fille, et même l'utilisation du courrier des États-Unis et des lignes téléphoniques de New York. Elle a décrit sa conduite avec des mots qui, s'ils étaient venus d'un homme, auraient donné à Carter toutes les excuses pour un exercice violent.

Immédiatement après le message, Dolly arriva, en larmes et portant une trousse de toilette.

«J'ai quitté maman!» » annonça-t-elle. « Et j'ai sa voiture en bas, et un ecclésiastique à l'intérieur, à moins qu'il ne se soit enfui. Il ne veut pas nous épouser, car il a peur que sa mère cesse de soutenir sa mission florale. Prends ton chapeau et emmène-moi là où il pourra nous épouser. Aucune mère ne peut parler de l'homme que j'aime comme ma mère a parlé de toi, et penser que je ne l'épouserai pas le jour même !

Carter, avec l'écriture de sa mère encore rouge devant ses yeux, et son amour-propre secoué de rage, fit fleurir la lettre.

« Et aucune mère, cria-t-il, ne peut ME traiter de « chasseuse de fortune » et de « voleur de berceau » et penser que je vais réussir en épousant sa fille ! Pas jusqu'à ce qu'elle me le supplie ! »

Dolly se dirigea vers lui comme une tempête d'été. Ses yeux étaient mouillés et brillants. "Jusqu'à ce que QUI vous le demande?" » a-t-elle demandé. « QUI épouses-tu ? maman ou moi ?

"Si je t'épouse", s'écria Carter, effrayé mais aussi très excité, "ta mère ne te donnera pas un centime !"

"Et c'est pour ça," railla Dolly, parfaitement consciente qu'elle était ridicule, "c'est pour ça que tu ne m'épouseras pas!"

Pendant un instant, assez longtemps pour la faire rougir de honte et de bonheur, Carter lui sourit. "Maintenant, juste pour ça," dit-il, "je ne t'embrasserai pas et je t'épouserai!" Mais en fait, il l'a FAIT embrassée. Puis il regarda joyeusement autour de son petit salon. "Faites comme chez vous ici", a-t-il ordonné, "pendant que je fais mon sac."

«Je VEUX me sentir vraiment chez moi ici», dit Dolly avec joie, «pour le reste de ma vie.»

Du fond de l'appartement, Carter appela : « Le loyer n'est payé que jusqu'en septembre. Après cela, nous vivons dans une chambre du hall et cuisinons sur une cuisinière à gaz. Et ce n'est pas non plus une vaine plaisanterie.

Craignant la publicité du bureau des licences de l'hôtel de ville, ils ont relâché l'ecclésiastique, au grand soulagement de ce monsieur, et ont dit au chauffeur de traverser la frontière de l'État pour se rendre dans le Connecticut.

"C'est la dernière fois que nous pouvons emprunter la voiture de ta mère", a déclaré Carter, "et nous ferions mieux d'aller aussi loin que possible."

C'était un de ces jours du mois de mai. Le ciel était bleu et le soleil brillait dans l'air, et dans le parc les petites filles des immeubles, en blanc, jouaient : elles étaient des reines. Dolly voulait en kidnapper deux pour les demoiselles d'honneur. À Harlem, ils se sont arrêtés chez un bijoutier et Carter est sorti et a acheté une alliance.

Dans le Bronx se trouvaient des fleurs de cornouiller, des feuilles d'un vert tendre et des parterres de tulipes, et le long de Boston Post Road, sur leur droite, le Sound brillait au soleil ; et sur leur gauche, des jardins, des pelouses et des vergers longeaient la route, et les pommiers étaient des masses roses et blanches.

Chaque fois qu'une voiture s'approchait par l'arrière, Carter prétendait que c'était Mme Ingram qui venait empêcher la fuite, et Dolly s'accrochait à lui. Quand la voiture fut passée, elle oublia de cesser de s'accrocher à lui.

À Greenwich Village, ils obtinrent un permis et un magistrat les épousa. Ils furent un peu effrayés et très heureux et, comme ils le découvrirent tous les deux en même temps, terriblement affamés. Ils traversèrent donc Bedford Village jusqu'à South Salem et déjeunèrent au Horse and Hounds Inn, sur de la porcelaine bleue et blanche , dans la même pièce où le major Andre était autrefois prisonnier. Et ils se sentaient vraiment désolés pour le major André et pour tous ceux qui ne venaient pas de se marier ce matin-là. Et après le déjeuner, ils se sont assis dehors dans le jardin et ont donné des morceaux de sucre à un charmant colley et de la crème à un gros chat gris.

Ils décidèrent de commencer le ménage dans l'appartement de Carter et retournèrent donc à New York, cette fois en suivant l'ancienne route routière traversant North Castle jusqu'à White Plains, en passant par Tarrytown et le long de la rive de l'Hudson jusqu'à Riverside Drive. Des millions et des millions de personnes amicales, principalement des infirmières et des agents de la circulation, leur faisaient signe et, pour une raison quelconque, souriaient.

« Ce qui est plaisant, c'est que, déclara Carter, ils ne savent pas !
L'événement le plus merveilleux du siècle vient de rentrer dans l'histoire.
Nous sommes mariés et personne ne le sait !

Mais lorsque la voiture s'est éloignée devant la porte de Carter, ils ont vu
dessus deux vieilles chaussures et une pancarte indiquant : « Nous venons de
nous marier. » Pendant qu'ils déjeunaient, le chauffeur s'était montré à la
hauteur.

« Après tout, » dit Carter d'une voix apaisante, « il ne voulait aucun mal.
Et c'est la seule chose à propos de notre mariage qui semble légale à ce jour.

Trois mois plus tard, deux jeunes gens très malheureux risquaient de
mourir de faim dans le salon de l'appartement de Carter. La tristesse était
inscrite sur le visage de chacun, et la chaleur et l'inquiétude qui surviennent
quand on désire vivre et qu'on n'a pas les moyens de réaliser ce désir, les
avaient rendus pâles et avaient tracé des lignes noires sous les yeux de Dolly.

Mme Ingram avait joué son rôle exactement comme ses amis les plus chers
lui avaient dit qu'elle le ferait. Elle avait envoyé à l'appartement de Carter sept
malles remplies de vêtements de Dolly, dix-huit chapeaux et une autre lettre
des plus désagréables. En cela, à la seule condition que Dolly quitterait
immédiatement son mari, elle lui proposa de lui pardonner et de la soutenir.

À cela, Dolly composa onze réponses méprisantes, mais décida finalement
que l'absence de réponse était la plus méprisante.

Elle et Carter se mirent alors joyeusement à gaspiller ses trois mille dollars
avec ce mépris de l'argent avec lequel il faut toujours le considérer lors d'une
lune de miel. Lorsqu'il n'y en eut plus, Dolly fit appel aux avocats de sa mère
et lui demanda si son père lui avait laissé quelque chose de son propre chef.
Les avocats ont regretté qu'il ne l'ait pas fait, mais ayant aimé Dolly depuis sa
naissance, ils lui ont proposé de lui avancer l'argent qu'elle souhaitait. Ils ont
dit qu'ils étaient sûrs que sa mère « céderait ».

« ELLE peut le faire », dit Dolly avec hauteur. « JE NE LE FAIS PAS ! Et
mon mari peut me donner tout ce dont j'ai besoin. Je voulais seulement
quelque chose à moi, car je vais lui faire cadeau surprise d'une nouvelle
automobile. Celui que nous utilisons actuellement ne nous convient pas.

C'était tout à fait vrai, puisque celui qu'ils utilisaient alors traversait le
métro.

À l'approche de l'été, Carter s'était soudain rendu compte qu'il serait
bientôt pauvre et avait écourté sa lune de miel. Ils retournèrent à
l'appartement et il partit à la recherche d'un emplacement. Plus tard, tout en
le recherchant, il en a parlé comme d'un « travail ». Il a d'abord pensé qu'il
aimerait devenir rédacteur adjoint d'un magazine. Mais il a constaté que les

rédacteurs de magazines désireux d'employer de nouveaux assistants non expérimentés, surtout en juin, étaient très peu nombreux. Au contraire, ils expliquèrent qu'ils licenciaient et réduisaient les dépenses – ils voulaient dire qu'ils avaient licencié tous les employés de bureau qui recevaient plus de trois dollars par semaine. Ils se « retranchèrent » encore davantage, en profitant du fait que Carter était venu les voir en personne, en lui remettant trois ou quatre de ses histoires – mais il sauva ainsi ses timbres-poste.

Chaque jour, lorsqu'il revenait à l'appartement, Dolly, qui s'attendait toujours à ce que chaque éditeur époussette à la hâte sa chaise et l'offre à son brillant mari, souriait avec enthousiasme et haletait : « Eh bien ? et Carter jetait les manuscrits rejetés sur la table et disait : « Au moins, je ne suis pas revenu les mains vides. » Alors ils découvraient une revue dont ni eux ni personne ne connaissaient l'existence, et ils réadressaient en toute hâte les manuscrits à cette revue et couraient les poster à la boîte aux lettres du coin.

« N'importe lequel d'entre eux, s'il est ACCEPTÉ », faisait remarquer Carter, « pourrait nous rapporter vingt-cinq dollars. Une de mes histoires s'est vendue une fois quarante ; donc ce soir, nous pouvons nous permettre de dîner dans un restaurant où le vin n'est PAS « inclus ».

Heureusement, ils n'ont jamais perdu leur sens de l'humour. Autrement, l'étroitesse de l'appartement, les odeurs nauséabondes qui s'élevaient des rues cuites, la nourriture grasse des restaurants italiens et hongrois et le besoin toujours obsédant d'argent auraient pu anéantir leur jeunesse d'esprit. Mais avec le temps, même eux ont découvert qu'un, et encore moins deux, ne peuvent exister exclusivement grâce à l'amour et au pouvoir de voir le bon côté des choses – surtout quand il n'y a pas de bon côté. Ils en étaient arrivés au point où ils devaient emprunter de l'argent à leurs amis et, même si nombreux étaient ceux qui leur auraient ouvert leurs coffres-forts, ils avaient convenu que c'était la seule chose qu'ils ne feraient pas, sinon ils mourraient de faim. L'alternative était tout aussi déplaisante.

Carter avait lutté sérieusement pour trouver un emploi. Mais son inexpérience et la saison étaient contre lui. Aucun journal ne voulait d'une critique dramatique alors que les seuls spectacles en ville duraient depuis trois mois et sur les toits-jardins ; ils ne voulaient pas non plus d'un « petit » journaliste alors que les anciens combattants étaient « licenciés » par dizaines. Ses services n'étaient pas non plus recherchés en tant que secrétaire particulier, chauffeur de taxi, agent vendant des biens immobiliers, des automobiles ou des actions. Comme personne ne lui a donné l'occasion de prouver son inaptitude à aucun de ces métiers, le fait qu'il n'en savait rien n'avait pas beaucoup d'importance. Dolly fut visiblement ravie de ces rebuffades. Elle a soutenu qu'ils prouvaient qu'il était destiné à poursuivre sa carrière naturelle d'auteur.

Que leurs amis sachent qu'ils étaient pauvres ne l'affectait pas, mais elle ne voulait pas qu'en acceptant un « travail » extérieur, ils pensent qu'ils étaient pauvres parce qu'en tant que génie littéraire, il était un échec. Elle croyait en ses histoires. Elle voulait que tout le monde croie en eux. Pendant ce temps, elle l'aidait autant qu'elle le pouvait en mettant en gage le contenu de cinq des sept malles, en apprenant à cuisiner sur une « Kitchenette », à laver ses mouchoirs et à les repasser sur le miroir.

Ils se faisaient face à travers la table du petit déjeuner. Il n'était que neuf heures, mais le soleil pénétrait dans l'appartement avec un souffle de fournaise, et l'air était infect et humide.

« Je te le dis, » disait Carter avec férocité, « tu as l'air malade. Vous êtes malade. Il faut aller au bord de la mer. Vous devez rendre visite à certains de vos fiers amis à East Hampton ou à Newport. Alors je saurai que tu es heureux, je ne m'inquiéterai pas et je trouverai un travail. La chaleur ne me dérange pas – et je t'écrirai des lettres d'amour » – il parlait très vite et ne regardait pas Dolly – « comme celles que je t'écrivais avant… »

Dolly leva la main. "Écouter!" dit-elle. « Supposons que je te quitte. Que va-t-il se passer ? Je me réveillerai dans un beau et frais lit en cuivre, n'est-ce pas ? avec des rideaux en cretonne, de l'air salin qui les souffle et une femme de chambre pour m'apporter du café. Et au lieu d'une salle de bains comme la vôtre, à côté d'une cage d'ascenseur et d'une issue de secours, j'en aurai une aussi grande qu'une église, et tout l'océan bleu dans lequel nager. Et je m'assiérai sur les rochers au soleil. et regarde les vagues et les yachts… »

"Et grandir à nouveau!" s'écria Carter. « Mais tu m'écriras, ajouta-t-il avec nostalgie, tous les jours, n'est-ce pas ?

Dans sa colère, Dolly se leva et, de l'autre côté de la table, lui fit face.

« Et que vais-je faire sur ces rochers ? elle a pleuré. « Vous SAVEZ ce que je vais faire ! Je sangloterai, je sangloterai et j'appellerai les vagues : « Pourquoi m'a-t-il renvoyé ? Pourquoi ne veut-il pas de moi ? Parce qu'il ne m'aime pas. C'est pourquoi! Il ne m'aime pas !' Et vous ne le faites pas ! » s'écria Dolly. "Vous NE LE FAIRE PAS!"

Il lui fallut trois minutes pour la convaincre qu'elle se trompait.

« Très bien, alors, sanglota Dolly, c'est réglé. Et il ne sera plus question de me renvoyer !

"Il n'y en aura PAS!" dit Champneys précipitamment. « Nous allons maintenant, annonça-t-il, nous réunir en commission plénière et décider de la manière dont nous allons faire face à l'échec financier. Nos actifs se composent de deux histoires acceptées mais non payées et de quinze histoires non acceptées. En espèces, il étala sur la table une maigre collection de billets et de pièces souillés. « Nous avons vingt-sept dollars et quatorze cents. C'est chaque centime que nous possédons dans le monde.

Dolly le regarda fixement et secoua la tête.

"Est-ce méchant," demanda-t-elle, "de t'aimer ainsi?"

"Tu ne m'as pas écouté?" » demanda Carter.

de nouveau la tête.

«Je regardais la façon dont tu parles. Quand tes lèvres bougent vite , elles font des choses si charmantes.

"Sais-tu," rugit Carter, "que nous n'avons pas un sou au monde, que nous n'avons rien à manger dans cet appartement ?"

«J'ai encore cinq chapeaux», a déclaré Dolly.

« Nous ne pouvons pas manger de chapeaux », a protesté Champneys.

« Nous pouvons vendre des chapeaux ! » répliqua Dolly. "Ils coûtent quatre-vingts dollars pièce!"

"Quand vous avez besoin d'argent", a expliqué Carter, "je trouve qu'il est tout aussi difficile de vendre un chapeau que de le manger."

« Vingt-sept dollars et quatorze cents », répéta Dolly. Elle s'exclama avec remords : « Et tu as commencé avec trois mille ! Qu'est-ce que j'en ai fait ?

« Nous avons tous les deux passé des moments inoubliables avec ! » » dit Carter avec fermeté. « Et c'est tout ce qu'il y a à dire. Les autopsies », a-t-il souligné, « ne sont utiles que comme guides pour l'avenir, et comme notre avenir ne contiendra jamais un deuxième trois mille dollars, nous n'avons pas à nous soucier de la façon dont nous avons dépensé le premier. Non! Ce que nous devons maintenant réfléchir, c'est comment nous pouvons devenir riches rapidement, et plus vite et plus riche sera le mieux. Mettre nos vêtements en gage, ou ce qu'il en reste, est une mauvaise solution économique. Cela ne sert à rien de réfléchir à la manière de vivre d'un repas à l'autre. Nous devons développer quelque chose de grand, de pittoresque, qui rapportera une fortune. Vous avez de l'imagination ; Je suis censé avoir de l'imagination, il faut penser à un plan pour avoir de l'argent, beaucoup d'argent. Je n'insiste pas pour que notre plan soit digne, ni même extérieurement respectable ; tant que cela vous maintient en vie, cela peut être aussi désespéré que… »

"Je vois!" s'écria Dolly ; "C'est comme envoyer des lettres à ma mère Black Hand!"

« Chantage… » commença le gendre de cette dame, dubitatif.

"Ou!" s'écria Dolly, nous pourrions kidnapper M. Carnegie alors qu'il se promène seul dans le parc et le retenir contre rançon. Ou bien, poursuivit-elle précipitamment , nous pourrions rédiger un codicille au testament de mon père et lui faire dire que si ma mère n'aime pas l'homme que je veux épouser, toute la fortune de mon père doit revenir à mon mari !

« La contrefaçon, s'écria Champneys, va plus loin que moi… »

« Et un autre plan, interrompit Dolly, que j'ai toujours eu en tête, c'est de publier une édition moins chère de votre livre, « The Dead Heat ». La raison pour laquelle la première édition de « The Dead Heat » ne s'est pas vendue… »

"Ne ME dites pas pourquoi il ne s'est pas vendu", a déclaré Champneys. "Je l'ai écrit!"

« Ce livre », déclara loyalement Dolly, « n'a jamais fait l'objet d'une publicité appropriée. Personne ne le savait, donc personne ne l'a acheté ! »

"Onze personnes l'ont acheté!" corrigea l'auteur.

« Nous allons le mettre dans une couverture en papier et le vendre cinquante cents », s'écria Dolly. «C'est le meilleur roman policier que j'ai jamais lu, et les gens doivent savoir que c'est le meilleur. Nous allons donc en faire la publicité comme un aliment pour le petit-déjeuner.

« L'idée, interrompit Champneys, c'est de gagner de l'argent, pas de le jeter. En plus, nous n'en avons pas à jeter. Dolly soupira amèrement.

« Si seulement, s'exclama-t-elle, nous récupérions ces trois mille dollars ! Je garderais SO soigneusement. Tout était de ma faute. Les courses l'ont pris, mais c'est moi qui t'ai emmené aux courses.

"Personne n'a jamais eu à M'entraîner aux courses", a déclaré Carter. « C'est la façon dont nous avons procédé qui était extravagante. Des automobiles à l'heure qui restent inutilisées, et une caisse chaque jour, et… »

"Et toujours soutenir Dromedary", suggéra Dolly. Carter a été touché à un point sensible. « Ce cheval, protesta-t-il bruyamment, est un très bon cheval. Un jour--"

"C'est ce que tu as toujours dit", remarqua Dolly, "mais il ne semble jamais avoir sa journée."

"C'est étrange", a déclaré Champneys consciemment. «J'ai rêvé de Dromadaire seulement la nuit dernière. Le même rêve encore et encore. Il changea précipitamment de sujet.

« Pour une raison quelconque, je ne dors pas bien. Je ne sais pas pourquoi.

Dolly le regardait avec tout l'amour dans les yeux d'une mère pour son bébé malade.

«C'est inquiétant pour moi et pour la chaleur», dit-elle. « Et le garage d'à côté et le gratte-ciel qui se dresse de l'autre côté de la rue ont peut-être quelque chose à voir avec ça. Et VOUS, se moqua-t-elle tendrement, vouliez m'envoyer au bord de la mer.

Carter fronçait les sourcils. Comme s'il allait parler, il ouvrit les lèvres, puis rit d'un air embarrassé.

«Finissons-en», dit Dolly avec un sourire encourageant. "A-t-il gagné?"

Voyant qu'elle avait lu ce qu'il avait en tête, Carter se pencha en avant avec impatience. La passion dominante et une touche de superstition le tenaient sous leur emprise.

« Il « gagne » à chaque fois », murmura-t-il. «Je l'ai vu aussi clairement que je vous vois. À chaque fois, il s'est précipité au même endroit, juste au moment où ils entraient dans la ligne droite, et à chaque fois, il a gagné ! Il frappa dédaigneusement de la main les billets sales devant lui. "Si j'avais cent dollars!"

On frappa à la porte et Carter l'ouvrit au garçon d'ascenseur avec le courrier du matin. Les lettres, sauf une, Carter les laissa tomber sur la table. Celui-là, avec des doigts maladroits, il l'a déchiré. Il s'est exclamé à bout de souffle : « C'est du PLYMPTON'S MAGAZINE ! Peut-être… j'ai vendu une histoire ! Il poussa un cri presque alarmé. Sa voix était aussi solennelle que si la lettre annonçait un décès.

"Dolly," murmura-t-il, "c'est un chèque, un chèque de CENT DOLLARS!"

D'un air coupable, les deux jeunes se regardèrent.

"Nous devons le faire!" souffla Dolly. "Aller à! Si nous laissons passer DEUX signes comme celui-là, nous irions à l'encontre de la Providence.

Les mains agrippées aux accoudoirs de sa chaise, elle se pencha en avant, les yeux fixés dans le vide, les lèvres remuant.

« Allez, espèce de dromadaire ! » elle a chuchoté.

Ils changeèrent le chèque en billets de cinq et dix dollars et, comme Carter était bien trop excité pour travailler, ils partirent ridiculement tôt pour la piste de course.

"Autant prendre l'air autant que possible", a déclaré Dolly. "C'est tout ce que nous obtiendrons!"

De leur fonds de réserve de vingt-sept dollars que chacun avait solennellement convenu avec l'autre de ne pas risquer sur les chevaux de course, Dolly soustraya un billet de deux dollars. Elle l'a collé bien en évidence sur le cadran de l'horloge sur la cheminée.

"Pourquoi?" » demanda Carter.

«Quand nous reviendrons ce soir», expliqua Dolly, «ce sera la première chose que nous verrons. Ça va être terriblement beau !

Ce jour là, aucune voiture écarlate ne les emmenait avec une rapidité rafraîchissante à travers les promenades de Brooklyn et le long d'Ocean Avenue. Au lieu de cela, ils se sont accrochés à une sangle dans un wagon traversant la ville, ont pris le ferry, puis de nouveau le Long Island Railroad. Lorsque Carter s'arrêta devant la voiture spéciale du Turf Club, Dolly lui prit le bras et le conduisit jusqu'à l'autocar de jour.

« Mais », protesta Carter, « quand vous dépensez cent dollars d'une seule main, pourquoi en vouloir à cinquante cents pour un siège de voiture-salon ? Si vous voulez être un sport, soyez un sport. « Et si tu dois être un piquier, dit Dolly, n'aie pas honte d'être un piquier. Nous ne dépensons pas cent dollars parce que nous pouvons nous le permettre, mais parce que vous avez fait un rêve. Vous n'aviez pas rêvé que vous rouliez dans des voitures-salons ! Si c'est le cas, il est temps que je te réveille.

Ce jour-là, il n'y avait pour eux ni loge avec vue sur l'arrivée, ni déjeuner club-house. Avec les autres piquiers, ils étaient assis sur les sièges libres, avec ceux qui étaient assis sans manteau et rentraient leur mouchoir dans leur col, et avec ceux qui essuyaient leur visage en sueur avec du papier de riz et marquaient leurs cartes avec une épingle à chapeau. Leur déjeuner consistait en un énorme sandwich au jambon avec une vinaigrette à la moutarde.

Dromedary n'a couru qu'à la cinquième course, et la longue attente, avant de pouvoir connaître son sort, était intolérable. Ils connaissaient la plupart des chevaux et, pour passer le temps, sur chacune des premières courses, Dolly faisait des paris imaginaires. De ces paris mentaux, elle a tous perdu .

"Si vous devenez aussi mauvais devineur quand vous dormez que moi quand je suis éveillé", a déclaré Dolly, "nous allons perdre notre fortune."

"Je m'affaiblis !" » déclara Carter. « Cent dollars commencent à me paraître une somme énorme. Vingt-sept dollars, et il n'en reste plus que vingt maintenant, c'est un très petit capital, mais vingt dollars plus cent pourraient nous maintenir en vie pendant un mois !

« Avez-vous ou non rêvé que Dromedary gagnerait ? » demanda Dolly sévèrement.

"Je l'ai certainement fait à plusieurs reprises", a déclaré Carter. « Mais il se peut que je pensais au cheval. J'ai tellement perdu contre lui que mon esprit a peut-être... »

« Avez-vous dit, interrompit Dolly, que si vous aviez cent dollars, vous parieriez, et est-ce que cent dollars sont entrés instantanément par la porte ?

Carter, rassuré, respira à nouveau. "C'est certainement le cas!" Il a répété.

Même dans ses jours de fierté, Carter n'avait jamais été capable de parier gros, et au lieu de déranger les commissaires du club avec ses petits paris, il avait, sur le ring, parié de l'argent comptant. De plus, il croyait dans l'anneau, il obtenait des cotes plus favorables, et, lorsqu'il gagnait, il lui plaisait, au lieu d'attendre le jour du règlement pour un chèque, de faire la queue et de sentir l'argent réel lui tomber dans la main. Ainsi, lorsque la quatrième course commença, il se leva et leva son chapeau.

« Le moment est venu », a-t-il déclaré.

Sans le regarder, Dolly hocha la tête. Elle était bien trop tremblante pour parler.

Depuis plusieurs semaines, Dromedary n'avait pas été placé, et Carter espérait une cote d'au moins dix contre un. Mais lorsqu'il s'est frayé un chemin dans l'arène, il s'est rendu compte que l'on pensait si peu à son choix qu'un montant de vingt contre un était proposé, et avec peu de preneurs. Ce fait a brisé sa confiance. Il y avait là deux cents bookmakers, entraînés à leur métier, soucieux, à des cotes absurdes, d'étayer leur opinion selon laquelle le cheval qu'il aimait ne pouvait pas gagner. Devant un mépris unanime, son rêve devenait fantastique, stupide. Il décida de ne risquer que la moitié de sa fortune. Alors, si le cheval gagnait, il serait quand même très riche, et s'il perdait, il aurait au moins la totalité des cinquante dollars.

Avec un bookmaker, il a parié cette somme, puis, dans une malheureuse indécision, il s'est levé, tenant dans une main son billet qui coûtait potentiellement mille cinquante dollars et dans l'autre cinquante dollars réels. Ce n'était pas un lieu de méditation. De tous côtés , des hommes plus ou moins sains d'esprit le balayaient, le bousculaient, le piétinaient, et pourtant, luttant pour prendre pied, il vacillait, hésitait. Puis il se rendit compte que le ring était presque vide, que seuls quelques individus hurlants couraient encore le long de la ligne. Les chevaux allaient au poste. Il doit se décider rapidement. Devant lui, le bookmaker nettoya son tableau et, comme dernier appel, en face des noms de trois chevaux, il inscrivit trente contre un. Le dromadaire était parmi eux. On ne pouvait pas résister à de telles probabilités. Carter tendit ses cinquante dollars à l'homme, et à cette somme ajouta les vingt dollars encore dans sa poche. C'étaient les derniers dollars qu'il possédait au monde. Et même s'il savait que c'étaient ses derniers, il craignait que le bookmaker ne les refuse. Mais, machinalement, l'homme les passa par-dessus son épaule.

«Et vingt et un cent soixante-dix», scanda-t-il.

Lorsque Carter s'assit à côté de Dolly, il avait assez froid. Pourtant, Dolly ne parlait pas. Du coin de l'œil, elle l'interrogea.

"J'en ai eu cinquante à vingt contre un", répondit Carter, "et soixante-dix à trente!"

Alarmée, Dolly s'est retournée vers lui.

"SOIXANTE-DIX!" Elle haleta.

Carter hocha la tête. « Tout ce que nous avons », dit-il. « Il nous reste soixante centimes pour recommencer la vie ! »

Comme pour l'encourager, Dolly posa le doigt sur sa carte de course.

"Ses couleurs", a-t-elle dit, "sont 'casquette verte, veste verte, cerceaux verts et blancs'".

Dans un labyrinthe de chaleur, à un demi-mile de distance, à la porte de départ, de petites taches de couleur se déplaçaient en cercles impatients. La foule nombreuse et bon enfant était devenue silencieuse, si silencieuse que, depuis les hautes herbes chauffées par le soleil du champ intérieur, on pouvait entendre le chant paresseux des grillons. Comme pour répéter une prière ou une incantation, les lèvres de Dolly remuaient rapidement.

"Casquette verte", murmura-t-elle, "veste verte, cerceaux verts et blancs !"

Avec un soupir aigu, la foule rompit le silence. "Ils sont partis!" il criait et se penchait en avant, attendant.

Les chevaux sont venus si vite. Pour Carter, leur conduite semblait scandaleuse. Il était incroyable qu'en si peu de temps, à un rythme aussi imprudent, ils aient pu décider d'une question d'une telle importance. Ils se rassemblaient, se déplaçant et changeant, avec, à travers la poussière, des éclairs bleus, dorés et écarlates. Une veste jaune sortit de la poussière et apparut devant ; une veste pourpre suivit. Ils étaient donc à la mi-temps ; ils étaient donc aux trois quarts.

La foule bon enfant commença à se balancer, à grogner et à murmurer, puis à crier de manière saccadée.

"Peux-tu le voir?" supplia Dolly.

"Non", a déclaré Carter. "Vous ne le voyez pas jusqu'à ce qu'ils atteignent le tronçon."

On entendait leurs sabots, on voyait le jockey cramoisi tirer son fouet. A cette vue, car il chevauchait le favori, la foule poussa un grand cri d'inquiétude.

"Oh, vous les talons dorés !" il a imploré.

Sous le fouet, Gold Heels a égalisé avec la veste jaune ; Pas à pas, ils se sont battus seuls.

« Talons dorés ! » s'écria la foule.

Derrière eux, dans un rideau de poussière, pilonnait le champ. Il chargea en coin volant, comme une troupe de cavalerie. Dolly, à la recherche d'une veste verte, a vu, à la place, une vague de couleurs arc-en-ciel qui, en montant et en descendant, bondi vers elle à grands bonds, avalant la piste.

« Talons dorés ! » » a crié la foule.

Le terrain a balayé le tronçon. Sans bouger les yeux, Carter attrapa Dolly par le poignet et lui montra du doigt. Comme pour donner un signal, il lança sa main libre en l'air.

"Maintenant!" il cria.

Du rideau de poussière, alors que la foudre traverse un nuage, surgit un gros châtaignier laid et à l'os cru. Comme l'Empire Express, il arrivait en se balançant, en tonitruant, en rejetant le sol. A son arrivée, Gold Heels, aux yeux de la foule, parut faiblir, se ralentir, s'arrêter. La foule poussa un grand cri d'étonnement, un cri de dégoût. L'alezan tira même avec Gold Heels, le dépassa et passa sous le fil. Accroché à son cou se trouvait un petit jockey avec une casquette verte, une veste verte et des cerceaux verts et blancs.

La main de Dolly était à ses côtés, agrippée au banc. La main de Carter la serrait toujours. Ni l'un ni l'autre ne parlaient ni ne regardaient l'autre. Un instant, tandis que la foule, moins bon enfant, se moquait et se moquait d'elle-même, les deux jeunes gens restèrent immobiles, regardant le champ vert, les nuages blancs roulant de l'océan. Dolly inspira longuement.

"Allons-y!" Elle haleta. « Remercions-le d'abord, puis ramenons-moi à la maison !

Ils trouvèrent Dromedary dans l'enclos et le remercièrent, et Carter laissa Dolly avec lui pendant qu'il courait récupérer ses gains. À son retour, il lui montra une liasse de billets jaunes et tandis qu'ils couraient le long de l'allée couverte en planches jusqu'à la porte, ils sautaient et dansaient.

Dolly se tourna vers le train arrêté à l'entrée.

"Pas avec moi!" cria Carter. « Nous rentrons chez nous dans l'automobile la plus rouge, la plus chère et la plus rapide que je puisse louer ! »

Dans la gamme « hack » d'automobiles, il y en avait une qui répondait à ces exigences, et ils y tombèrent comme si c'était les leurs.

« À la Banque Nuit et Jour ! » ordonna Carter.

Avec la démocratie géniale des hippodromes, le chauffeur leva la tête pour sourire avec appréciation. "Ça m'écoute bien!" il a dit.

"Je l'aime!" murmura Dolly. "Achetons-le ainsi que la voiture."

Sur le chemin du retour, ils ont acheté de nombreuses voitures ; chaque voiture qu'ils voyaient, qu'ils aimaient, ils l'achetaient. Ils achetèrent également plusieurs maisons et un yacht qu'ils aperçurent du ferry. Et dès qu'ils eurent déposé la plus grande partie de leur argent à la banque, ils se rendirent chez un prêteur sur gages de la Sixième Avenue et rachetèrent de nombreux biens qu'ils craignaient de ne jamais revoir.

Lorsqu'ils entrèrent dans l'appartement, la première chose qu'ils virent fut le billet de deux dollars de Dolly.

"Qu'est-ce que c'est," demanda Carter avec répugnance, "c'est cet étrange morceau de papier ?"

Dolly l'examina attentivement. « Je pense que c'est une sorte d'argent », dit-elle, « utilisé par les classes inférieures ».

Ils dînèrent sur le toit chez Delmonico. Dolly portait le plus grand des cinq chapeaux encore invendus, et Carter sélectionnait les plats entièrement en fonction de celui qui était le plus cher. De temps en temps, ils regardaient anxieusement de l'autre côté de la rue la banque qui détenait leur argent. Ils étaient inquiets à l'idée qu'il prenne feu.

« Nous pouvons être extravagants ce soir, dit Dolly, parce que nous devons à Dromedary de faire la fête. Mais à partir de ce soir, il faudra économiser. Nous avons eu une terrible leçon. Ce qui nous est arrivé le mois dernier ne doit plus jamais se reproduire. Il ne nous restait plus qu'un billet de deux dollars. Maintenant, nous en avons 2 500 de l'autre côté de la rue, et vous en avez plusieurs centaines dans votre poche. Avec cela, nous pouvons vivre facilement pendant un an. En attendant, vous pouvez écrire « le » grand roman américain sans avoir à vous soucier de l'argent ni à chercher un emploi stable. Et puis ton livre sortira, et tu seras célèbre et riche, et… »

« À partir de là, » interrompit Carter, « la première chose à faire est de vous sortir de cet appartement chaud et bestial. Je propose que nous partions demain pour Cape Cod. Je connais beaucoup de villages de pêcheurs là-bas où nous pourrions loger et loger pour douze dollars par semaine, ramer, jouer au tennis et vivre en maillot de bain.

Dolly acquiesça avec enthousiasme, et pendant le dîner, ils discutèrent joyeusement de Cape Cod, de Pocasset à Yarmouth et de Sandwich à Provincetown. Ils étaient si impatients de s'échapper que Carter a téléphoné au hallman de son club pour réserver une cabine pour le lendemain après-midi sur le bateau de Fall River. Alors qu'ils étaient assis autour de leur café dans la brise fraîche, avec dans l'air le parfum des fleurs et le rythme de la musique, et avec, à leurs pieds, les lumières de la grande ville, le monde semblait très lumineux.

"Ça a été une excellente journée", a soupiré Carter. « Et si je n'avais pas souffert de prostration nerveuse , j'aurais apprécié. Ce parcours est toujours cool et il y a eu de belles finitions. J'ai remarqué deux chevaux qui méritaient d'être surveillés, Son Altesse et Glowworm. Si nous ne partions pas demain, je serais enclin… » Dolly le regardait avec des yeux horrifiés.

"Champney's Carter!" s'exclama-t-elle. Lorsqu'elle le disait, cela ressemblait à « Le grand Josaphat ! »

Carter protesta avec indignation. « J'ai seulement dit, explique-t-il, que si je suivais les courses, je surveillerais ces chevaux. Ne t'inquiète pas!" il s'est excalmé. "Je sais quand m'arrêter."

Le lendemain matin, ils prirent leur petit-déjeuner sur la petite terrasse d'un restaurant surplombant Bryant Park, où, pendant les premiers jours de leur lune de miel, ils avaient toujours pris leur petit-déjeuner. Pour des raisons sentimentales, ils l'ont revisité. Mais Dolly avait hâte de retourner immédiatement à l'appartement et de faire ses valises, et Carter semblait désemparé. Il a expliqué qu'il avait passé une mauvaise nuit.

«Je suis vraiment désolée», compatit Dolly, «mais cette nuit, vous dormirez bien en remontant le Sound. Encore des cauchemars ? elle a demandé.

"Cauchemars!" » explosa violemment Carter. « C'était certainement des cauchemars ! J'ai rêvé de deux des cauchemars gagnés ! Je les ai vus toute la nuit, tout comme j'ai vu Dromedary, Son Altesse et Glowworm, gagner, gagner, gagner ! »

"Ce sont les chevaux dont vous avez parlé hier soir", dit Dolly sévèrement. « Après une journée si merveilleuse, bien sûr, vous rêviez de courir, et ces deux chevaux étaient dans votre esprit. C'est l'explication.

Ils retournèrent à l'appartement et commencèrent assidûment à faire leurs bagages. Vers midi, Carter, entrant soudainement dans la chambre où Dolly était seule, la trouva en train de lire le MORNING TELEGRAPH. C'était ouvert sur la page des courses des « performances passées ».

Elle laissa tomber le papier, coupable. Carter écarta d'un coup de pied une boîte à chapeau et s'assit sur une malle.

« Je ne vois pas, commença-t-il, pourquoi nous ne pouvons pas attendre un jour de plus. Nous serions aussi près de l'océan sur l'hippodrome de Sheepshead Bay que sur un bateau de Fall River, et... — » Il s'arrêta et fronça les sourcils d'un air mécontent. « Nous n'avons pas besoin de parier plus de dix dollars », supplia-t-il.

"Bien sûr", a déclaré Dolly, "s'ils DEVRAIENT gagner, vous M'en voudrez toujours!" Les yeux de Carter brillaient d'espoir.

"Et," continua Dolly, "je ne peux pas supporter que tu me blâmes. Donc--"

"Prends ton chapeau!" a crié Carter, "sinon nous raterons la première course."

Carter téléphona pour demander un taxi et, alors qu'ils y montaient, dit d'un air coupable : « Je dois m'arrêter à la banque. »

"Tu n'as pas!" annonça Dolly. « Cet argent est destiné à nous maintenir en vie pendant que vous écrivez le grand roman américain. Je suis heureux de passer une autre journée aux courses et je suis prêt à soutenir vos rêves jusqu'à dix dollars, mais pas plus.

"Si mes rêves se réalisent", prévint Carter, "vous le regretterez terriblement."

"Pas moi", dit Dolly. "Je vais simplement t'envoyer au lit et tu pourras continuer à rêver."

Lorsque Son Altesse rentra chez elle, gagnante facile, le regard de Dolly sur son mari était à la fois de peur et de consternation.

"Je n'aime pas ça!" Elle haleta. « C'est... c'est étrange. Cela me donne un sentiment effrayant. Cela vous fait paraître surnaturel. Et oh, s'écria-t-elle, si seulement je t'avais laissé parier tout ce que tu avais avec toi !

"Je l'ai fait", balbutia Carter, extrêmement agité. « Je parie quatre cents. J'ai eu cinq contre un, Dolly, » haleta-t-il, impressionné ; "Nous avons gagné deux mille dollars."

Dolly s'est exclamée avec ravissement : « Nous allons tout mettre en banque », a-t-elle crié.

"Nous allons tout mettre sur Glowworm!" dit son mari.

« Champion ! » supplia Dolly. « Ne poussez pas votre chance. Arrêtez pendant que... » Carter secoua la tête.

"Ce n'est PAS de la chance !" grogna-t-il. « C'est un don, c'est une seconde vue, c'est une prophétie. J'ai été une voyante à part entière toute ma vie et je ne le savais pas. Quoi qu'il en soit, je suis un sport, et après que deux de mes rêves se soient brisés, je dois soutenir le troisième ! »

Glowworm était à dix contre un, et à ces cotes, les bookmakers auprès desquels il s'était adressé pour la première fois ne se souciaient pas d'accepter une somme aussi importante qu'il proposait. Carter a trouvé un bookmaker nommé « Sol » Burbank qui, face à ces probabilités, a accepté ses deux mille.

Lorsque Carter revint chercher ses vingt-deux mille dollars, il y eut un petit retard pendant que Burbank en empruntait une partie. Il regarda Carter avec curiosité et sans trop de cordialité.

« N'est-ce pas vous, » demanda-t-il, « qui avez tiré hier sur Dromedary à trente contre un ? Carter hocha la tête, quelque peu coupable. Un homme dans la foule se porta volontaire : « Et il avait aussi Son Altesse dans la seconde, pour quatre cents. »

"Vous avez fait une bonne journée", a déclaré Burbank. « Donnez-moi une chance de récupérer mon argent demain.

"Je suis désolé", a déclaré Carter. "Je quitte New York demain."

La même voiture écarlate les ramena triomphants à la banque.

"Vingt-deux mille dollars?" » haleta Carter, « en CASH ! Comment, au nom de l'honnêteté, pouvons-nous célébrer le gain de vingt-deux mille dollars ? Nous ne pouvons pas manger plus d'un dîner ; nous ne pouvons pas boire plus de deux litres de champagne, non sans conséquences graves.

"Je vais vous dire ce que nous pouvons faire!" s'écria Dolly avec enthousiasme. – Nous pourrons naviguer demain sur le CAMPANIA !

"Hourra!" cria Carter. « Nous aurons une deuxième lune de miel. Nous tirerons sur Londres et Paris. Nous arracherons des tranches de la carte de l'Europe. Vous monterez dans une automobile, je monterai dans une autre, nous aurons une femme de chambre et un valet de chambre dans une troisième, et nous ferons la course jusqu'à Monte-Carlo. Et là, je rêverai aux numéros gagnants, et on cassera la tirelire. Quand part le CAMPANIA ?

«À midi», dit Dolly.

"A huit heures, nous serons à bord", a déclaré Carter.

Mais cette nuit-là, dans ses rêves, il vit King Pepper, Confederate et Red Wing gagner chacun une course. Et le matin, ni les moteurs du CAMPANIA ni les supplications de Dolly ne purent l'empêcher de courir.

«Je n'en veux que six mille», protesta-t-il. « Vous pouvez faire ce que vous voulez du reste, mais je vais parier six mille sur le premier de ces trois qui commencera. S'il perd, je vous donne ma parole, je ne parierai plus un centime et nous naviguerons samedi. S'il gagne, je mettrai tout ce que je gagne sur les deux autres.

« Ne vois-tu pas, supplia Dolly, que tes rêves ne sont qu'une répétition de ce que tu penses pendant la journée ? Vous avez eu beaucoup de chance, c'est tout. Chacun de ces chevaux a de fortes chances de gagner sa course. Quand il le fera, vous aurez plus que jamais confiance en vos rêves idiots… »

"Mes rêves idiots", dit Carter en souriant, "vous emmènent en Europe, en première classe, par le prochain bateau à vapeur."

Ils avaient discuté alors qu'ils se rendaient à la banque. Lorsque Dolly vit qu'elle ne pouvait pas modifier son projet, elle lui fit placer les dix-neuf mille qui restaient, après qu'il eut retiré les six mille, à son nom. Elle a ensuite retiré la totalité de la somme.

«Tu m'as dit », dit Dolly en souriant anxieusement, «je pouvais en faire ce que je voulais. Peut-être que j'ai aussi des rêves. Peut-être que je veux les soutenir.

Elle s'éloigna, refusant mystérieusement de lui dire ce qu'elle avait l'intention de faire. Lorsqu'ils se rencontrèrent au déjeuner, elle était encore très excitée, encore hérissée d'un secret caché.

"Avez-vous réalisé votre rêve?" » demanda Carter.

Dolly hocha joyeusement la tête.

« Et quand dois-je le savoir ?

« Vous en entendrez parler demain, dit Dolly, dans les journaux du matin. Tout cela est tout à fait correct. Mes avocats ont arrangé cela.

« Avocats ! » haleta son mari. "Vous n'allez pas m'enfermer dans une maison de fous privée, n'est-ce pas ?"

"Non", a ri Dolly; "Mais quand je leur ai dit comment j'avais l'intention de placer cet argent, ils ont failli m'y mettre."

« Ne voulaient-ils pas savoir comment tu es devenu si riche soudainement ? » demanda Carter.

« Ils l'ont fait. Je leur ai dit que cela venait des « livres » de mon mari ! C'était un mensonge très « proche ».

"C'était pire", a déclaré Carter. "C'était un très mauvais jeu de mots."

Comme lors de leurs jours de lune de miel, ils se rendirent fièrement à la piste, et lorsque Carter eut placé Dolly dans une boîte assez grande pour vingt personnes, il se fraya un chemin dans la foule autour du stand de « Sol » Burbank. Ce vétéran du gazon l'a accueilli avec plaisir.

« Vous venez me rendre mon argent ? il a appelé.

"Non, pour en emporter", dit Carter en lui tendant ses six mille dollars.

Sans apparemment le regarder, Burbank le passa à son caissier. « King Pepper, douze à six mille », appela-t-il.

Lorsque King Pepper a gagné et que Carter s'est déplacé sur le ring avec dix-huit mille dollars en billets de mille cinq cents dollars dans son poing, il s'est retrouvé assailli par une foule de « pikers » curieux et enthousiastes. Ils ont tous deux entravé ses opérations et ont fait office de gardes du corps. Confederate était un favori presque prohibitif à un contre trois, et en plaçant dix-huit mille pour pouvoir en gagner six, Carter n'a trouvé que peu de difficultés. Lorsque les Confédérés ont gagné, et qu'il a commencé avec ses vingt-quatre mille pour soutenir Red Wing, la foule l'a maintenant englouti. Les hommes et les garçons qui, en pariant cinq et dix dollars, risquaient tout, trouvèrent à la vue d'un jeune homme offrant des paris par centaines et par milliers un spectacle passionnant et fascinant.

Pour savoir sur quel cheval il jouait et à quelles cotes, les coureurs et les coureurs d'autres bookmakers et de spéculateurs individuels se sont précipités dans la foule qui l'entourait, puis, se frayant un chemin pour sortir, ont couru en hurlant le long de la ligne. En dix minutes, grâce aux paris de Carter et de ceux qui ont soutenu sa chance, les chances contre Red Wing ont été ramenées de quinze à un, voire à égalité. Son approche a été saluée par les bookmakers soit par des huées, soit par des cris de bienvenue. Ceux qui avaient perdu réclamaient une chance de récupérer leur argent. Ceux avec qui il n'avait pas parié y trouvaient une consolation et plaisantaient les perdants. Certains refusèrent sèchement la moindre partie de son argent.

"Pas avec moi!" ils rigolent. D'un stand à l'autre, les différents obstacles se moquaient de lui, ou les uns des autres. « N'y touchez pas, c'est contaminé ! » ils ont crié. "Attention, Joe, c'est l'homme Jonas?" Ou : « Reviens vers moi ! » ils ont appelé. "Et encore une fois!" » ont-ils lancé un défi alors qu'ils cherchaient un billet de mille dollars.

Et quand, à temps, chacun secouait la tête et grommelait : « C'est tout ce que je veux », ou détournait le regard, la foule autour de Carter se moquait.

"Il les a combattus jusqu'à l'arrêt !" crièrent-ils avec jubilation. À leurs yeux, un homme qui seul était capable et désireux d'effacer le nom d'un cheval des tableaux noirs était un héros.

À la grande horreur de Dolly, au lieu de regarder les chevaux défiler, la foule s'est rassemblée devant sa loge et l'a pointée du doigt. Depuis le club-house, ses amis et connaissances l'ont envahi.

« Est-ce que Carter est devenu fou ? » ont-ils demandé. « Il distribue des billets de mille dollars comme des cigarettes. Il a transformé l'anneau en fosse à blé !

Lorsqu'il atteignit la boîte, un homme hâlé et coiffé d'un sombrero lui barra le passage.

« Je suis le propriétaire de Red Wing », a-t-il expliqué, « je l'ai élevé et entraîné moi-même. Je sais qu'il aura de la chance s'il obtient la place. Vous le soutenez par milliers pour GAGNER. Que sais-tu de lui?"

"Sachez qu'il va gagner", a déclaré Carter.

Le vétéran commissaire de la tribune du club l'a arrêté. "M. Carter, supplia-t-il, pourquoi ne pariez-vous pas par mon intermédiaire ? Je vous donnerai autant de chances que possible sur ce ring. Vous ne voulez pas que vos vêtements vous soient arrachés et que votre argent vous soit retiré.

"Ils n'en ont pas encore pris autant", a déclaré Carter.

Lorsque Red Wing a gagné, la foule sous la loge, les hommes dans la loge et les personnes debout autour, dont la plupart avaient suivi le plongeon de Carter, l'ont applaudi et sont tombés sur lui, pour lui serrer la main et lui frapper dans le dos. De tous côtés , des photographes excités pointaient leurs appareils photo et le groupe de Lander jouait : « Chaque petit peu ajouté à ce que vous avez en fait juste un peu plus. » Alors qu'il quittait la caisse pour récupérer son argent, un grand bonhomme à moustache brune et deux géants rasés se sont rapprochés autour de lui, alors que des plaquages intervenaient pour celui qui avait le ballon. Le grand homme le prit par le bras. Carter se libéra.

"Quelle est l'idée ?" il a ordonné.

«Je m'appelle Pinkerton», dit le grand homme avec enthousiasme. « Il vous faut un garde du corps. Si vous avez un siège vide dans votre voiture, je rentrerai chez vous avec vous. Ils ont emprunté à Cavanaugh un sac à main de bookmaker et l'ont rempli de billets de mille dollars. Lorsqu'ils montèrent dans la voiture, la foule les entourait toujours.

"Il le ramène chez lui dans une malle!" ils ont crié.

Ce soir-là, les « extras sportifs » des journaux de l'après-midi mettaient en avant la chance lors des courses de Champneys Carter. Les journalistes des courses avaient recueilli auprès de Cavanaugh et des bookmakers des récits de ses gains. Ils déclarèrent qu'en trois jours successifs, commençant avec cent dollars, il n'avait pas perdu un seul pari à la fin du troisième jour, et que cet après-midi-là, sur la seule dernière course, il avait gagné soixante à soixante-dix mille dollars. Avec le texte, ils ont « diffusé » des photos de

Carter sur la piste, de Dolly dans sa boîte et de Mme Ingram portant un diadème et une robe de bal.

La belle-mère sera ravie, s'écria Carter. Inquiet de ce que pourraient dire les journaux du lendemain, il ordonna qu'on en envoie le matin un exemplaire dans sa chambre. Cette nuit-là, dans ses rêves, il vit des nuages de vestes couvertes de poussière et des chevaux aux flancs en sueur, et l'un d'eux nommé Ambitious menait tous les autres. À son réveil, il dit à Dolly : « Ce cheval Ambitieux va gagner aujourd'hui. »

"Il peut faire ce qu'il veut à propos de CELA !" répondit Dolly. « J'ai quelque chose de bien plus important en tête que les courses de chevaux. Aujourd'hui, vous allez apprendre comment j'ai dépensé votre argent. Cela doit paraître dans les journaux du matin.

Quand il arriva pour le petit-déjeuner, Dolly était à genoux. Pour son inspection, elle avait étalé les journaux sur le sol, ouverts sur une annonce qui paraissait dans chacun. Au centre d'une demi-page de papier blanc se trouvaient les lignes :

COMPLET EN UN JOUR !

PREMIÈRE ÉDITION ENTIÈRE

LA CHALEUR MORTE

PAR

CHAMPNEYS CARTER

DEUXIÈME ÉDITION CENT MILLE

« Au nom du ciel ! » rugit Carter. "Qu'est-ce que cela signifie?"

« Cela signifie », s'écria Dolly en tremblant, « je soutiens mon rêve. J'ai toujours cru en votre livre. Maintenant, je le soutiens. Nos avocats m'ont envoyé chez un agent de publicité. Son nom est Spink et il est terriblement intelligent. Je lui ai demandé s'il pouvait faire de la publicité pour un livre afin de le faire vendre. Il a dit qu'avec mon argent et ses idées, il pourrait vendre l'annuaire téléphonique de l'année dernière à des gens qui ne possédaient pas de téléphone et qui n'avaient jamais appris à lire. Il est fier de ses idées. L'un d'eux rachetait la première édition. Vos éditeurs lui ont dit que votre livre était du « vieux papier » et qu'il pouvait avoir chaque exemplaire en stock pour le prix des planches. Il a donc acheté l'édition entière. C'est comme ça qu'il a été vendu en un jour. Ensuite, nous avons commandé une deuxième édition à cent mille exemplaires, et ils sont en train de l'imprimer maintenant.

« Les presses ont travaillé toute la nuit pour répondre à la demande !

"Mais", s'écria Carter, "il n'y a aucune demande !"

"Il y en aura", a déclaré Dolly, "lorsque cinq millions de personnes liront nos publicités."

Elle l'entraîna jusqu'à la fenêtre et lui montra triomphalement la rue.

"Regarde ça!" dit-elle. "M. Spink les a envoyés ici pour que je les inspecte.

Une armée d'hommes-sandwichs était alignée sur une ligne qui s'étendait de la Cinquième Avenue à Broadway. Sur les tableaux qu'ils portaient, il y avait les mots : « Lisez « The Dead Heat ». Deuxième édition. Cent mille!" Sur la clôture devant le bâtiment qui traversait la rue, en lettres d'un pied de haut, Carter lut à nouveau le titre de son roman. En lettres de taille plus modeste, mais en couleurs plus provocantes, il le regardait depuis des cendriers et des tonneaux.

"Combien ça coûte?" Il haletait.

« Cela vous a coûté chaque dollar que vous aviez en banque », a déclaré Dolly, « et avant d'avoir terminé, cela vous coûtera deux fois plus cher. M. Spink n'attend que de mes nouvelles avant de commencer à dépenser cinquante mille dollars ; ce n'est que la moitié de ce que vous avez gagné sur Red Wing. J'attends seulement que vous me fassiez un chèque avant de dire à Spink de commencer à le dépenser.

Dans un état de stupeur, Carter tira un chèque de cinquante mille dollars et le remit docilement à sa femme. Ils l'ont porté eux-mêmes au bureau de M. Spink. En chemin, ils virent de tous côtés les traces de son œuvre. Sur les murs, sur les échafaudages, sur les panneaux d'affichage se trouvaient des publicités de « The Dead Heat ». Au-dessus de Madison Square, un énorme cerf-volant aussi grand qu'un dirigeable Zeppelin peignait le nom du livre sur le ciel, sur des « Dodgers », il flottait dans les airs, sur des prospectus, il regardait depuis les gouttières.

M. Spink était un jeune homme nerveux, chauve et portant des lunettes. Il accepta l'échec comme un général accueillerait cinquante mille soldats frais.

« Des renforts ! » il pleure. « Maintenant, surveille-moi. Maintenant, je peux faire des choses grandes, nationales, napoléoniennes. Nous ne pouvons pas relier ces livres en une semaine, mais entre-temps les commandes vont affluer, les gens vont en devenir fous. Chaque homme, femme et enfant du Grand New York en voudra un exemplaire. J'ai envoyé cinquante garçons habillés en jockeys à cheval pour parcourir au coude à coude toutes les avenues. « The Dead Heat » est imprimé sur le tapis de selle. La moitié d'entre eux ont déjà été arrêtés. C'est une petite idée personnelle.

"Mais", protesta Carter, "ce n'est pas une histoire de course, c'est une histoire de détective !"

"C'est le diable !" haleta Spink. "Mais quelle est la différence !" il s'est excalmé. «Ils doivent l'acheter de toute façon. Ils l'achèteraient si c'était un livre de cuisine. Et, dis-je, s'écria-t-il ravi, c'est un excellent travail de presse que vous faites pour le livre lors des courses ! Les journaux sont pleins de vous ce matin, et tous ceux qui liront votre chance sur le circuit verront votre nom comme l'auteur de « The Dead Heat » et se précipiteront pour acheter le livre. Il pensera que « The Dead Heat » est un guide pour le gazon ! »

Lorsque Carter atteint la piste , il découvre que sa notoriété l'a précédé. Ambitieux n'a couru qu'à la quatrième course, et jusque-là, alors qu'il était assis dans sa loge, une foule enthousiaste a déferlé en contrebas. Il n'avait jamais connu une telle popularité. La foule avait lu les journaux et des titres tels que « Il ne peut pas perdre ! » «Le jeune Carter gagne 70 000 $!» « Boy Plunger gagne encore ! » « Carter fait un gros massacre ! » "L'anneau a frappé fort!" "L'homme qui ne peut pas perdre!" « Carter bat les créateurs de livres ! » avait aiguisé leur curiosité et donné à beaucoup une confiance absolue en sa chance. Des hommes qu'il n'avait pas vu depuis des années lui prirent la main et lui demandèrent négligemment s'il pouvait parler de quelque chose de positif. Des amis, anciens et nouveaux, le suppliaient de dîner avec eux, de prendre immédiatement un verre avec eux, au moins d'« essayer » un cigare. Les hommes qui protestaient d'avoir tout perdu demandaient juste un indice qui les aiderait à s'en sortir, et tous, sans exception, lui assuraient qu'il allait acheter son dernier livre.

"J'ai essayé de l'obtenir hier soir dans une douzaine de kiosques à journaux", ont déclaré beaucoup d'entre eux, "mais ils m'ont dit que l'édition entière était épuisée".

La foule de spectateurs affamés attendant sous la tribune et observant chaque mouvement de Carter a affligé Dolly.

"Je déteste ça!" elle a pleuré. « Ils vous regardent comme des chiens affamés qui demandent un os. Allons à la maison; nous ne voulons plus gagner d'argent et nous risquons de perdre ce que nous avons. Et je veux que tout cela fasse la publicité du livre.

"Si vous ne faites pas attention", a déclaré Carter, " quelqu'un achètera ce livre et le lira, et alors vous et Spink devrez vous réfugier dans une cave cyclonique."

Lorsqu'il s'est levé pour parier sur Ambitious, ses amis du club et une demi-douzaine d'hommes de Pinkerton se sont rapprochés autour de lui et dans un coin volant poussé dans le ring. Les journaux avaient fait leur travail et il fut immédiatement entouré par une foule affamée et hurlante. En comparaison avec celle de la veille , c'était comme une mêlée de football avec une course sur un talus. Lorsqu'il fit son premier pari et que la foule apprit le nom du cheval, celui-ci se brisa dans un cri en centaines de missiles volants qui se jetèrent sur les bookmakers. Sous leur attaque, comme la veille, Ambitious a reculé à égalité. Il n'y avait presque personne sur la piste qui ne soutenait la chance de l'homme qui « ne pouvait pas perdre ». Et quand Ambitious gagnait facilement, ce n'était pas le cheval ou le jockey qui était acclamé, mais le jeune homme dans le box.

À New York, les figurants avaient déjà annoncé qu'il avait encore de la chance, et lorsque Dolly et Carter arrivèrent à la banque , ils trouvèrent tout le personnel prêt à le recevoir, lui et ses gains. Ils représentaient une somme si magnifique que Carter réalisa que pour le reste de leur vie, les intérêts fourniraient à Dolly et à lui-même un revenu avec lequel ils pourraient vivre modestement et bien.

Un fonctionnaire de la banque aux cheveux blancs, à l'air distingué, a chaleureusement félicité Carter. « Si vous souhaitez investir une partie de cette somme, dit-il, je serai heureux de vous conseiller. Mes connaissances dans ce sens sont peut-être plus vastes que les vôtres.

Carter murmura ses remerciements. Le monsieur aux cheveux blancs baissa la voix. « Sur certains autres sujets, continua-t-il, vous savez bien des choses que j'ignore totalement. Pourriez-vous me dire, demanda- t-il négligemment, qui gagnera le Suburban demain ?

Carter fronça mystérieusement les sourcils. «Je pourrai vous dire mieux demain matin», dit-il. "Cela ressemble à Beldame, avec Proper et First Mason à portée de main."

L'homme aux cheveux blancs montra sa surprise et aussi que son ignorance n'était pas aussi profonde qu'il le suggérait.

«Je pensais que l'entrée de Keene...» osa-t-il.

"Je sais," dit Carter dubitatif. « Si c'était pour un mile, je dirais Delhi, mais je ne pense pas qu'il puisse tenir la distance. Dans la matinée, je vous télégraphierai.

Alors qu'ils remontaient dans leur voiture, Carter prit les deux mains de Dolly dans les siennes. « En ce qui concerne l'argent, dit-il, nous sommes indépendants de votre mère, indépendants de mes livres ; et je veux te faire une promesse. Je veux vous promettre que, peu importe ce dont je rêve dans le futur, je ne soutiendrai jamais un autre cheval. Dolly poussa un soupir de satisfaction.

« Et qui plus est, » ajouta Carter à la hâte, « vous ne pouvez pas risquer un autre dollar en soutenant mes livres. Après cela, ils doivent se tenir debout ou tomber sur leurs jambes !

"Convenu!" s'écria Dolly. "Nos jours de plongée sont terminés."

Lorsqu'ils atteignirent l' appartement, ils trouvèrent Carter, l'associé junior d'une véritable maison d'édition, qui les attendait. Il avait un contrat vierge et voulait obtenir le droit de publier le prochain livre de Carter.

«J'ai quelques nouvelles…» suggéra Carter.

Les recueils de nouvelles, protesta sincèrement le visiteur, « ne se vendent pas. Nous préférerions un autre roman dans la même veine que « The Dead Heat ».

"Avez-vous lu 'The Dead Heat'?" » demanda Carter.

«Je ne l'ai pas fait», a admis l'éditeur, «mais le prochain livre du même auteur est sûr de…. Nous paierons d'avance quinze mille dollars de redevances.

« Pourriez-vous mettre cela par écrit ? » demanda Carter. Quand l'éditeur partit, il dit :

« Je vois que votre succès en littérature est égal à votre succès aux courses. Pourriez-vous me dire ce qui va gagner le Suburban ?

"Je vous enverrai un télégramme demain matin", dit Carter.

Ils s'étaient arrangés pour dîner avec des amis et plus tard pour assister à une comédie musicale. Carter s'était changé et, pendant qu'il attendait que Dolly s'habille, il était allongé dans un immense fauteuil. La chaleur de la journée, l'excitation et l'usure de ses nerfs lui faisaient baisser la tête, fermer les yeux et détendre ses membres.

Quand, à son entrée, Dolly le réveilla, il sursauta, confus.

"Tu as dormi", se moqua-t-elle.

"Pire!" dit Carter. « J'ai rêvé ! Dois-je vous dire qui va gagner le Suburban ?

"Champneys!" s'écria Dolly alarmée.

« Ma chère Dolly, protesta son mari, j'ai promis d'arrêter de parier. Je n'ai pas promis d'arrêter de dormir.

"Eh bien", soupira Dolly avec soulagement, "du moment que ça s'arrête là. Delhi va gagner », a-t-elle ajouté. "Delhi ne le fera pas", a déclaré Carter. «Voici comment ils finiront…» Il griffonna trois noms sur un morceau de papier que Dolly lut.

"Mais ça," dit-elle, "c'est ce que vous avez dit au monsieur de la banque."

Carter la regarda fixement et quelque peu embarrassé.

"Tu vois!" s'écria Dolly, ce que tu penses quand tu es éveillé, tu le rêves quand tu dors. Et vous avez eu une chance qui ne s'était jamais produite auparavant et qui ne pourrait plus jamais se reproduire.

Carter reçut son explication avec réticence. «Je me demande», dit-il.

En arrivant au théâtre , ils découvrirent que leur hôte avait réservé une loge, et comme ils n'étaient que quatre dans leur groupe, et comme, lorsqu'ils entrèrent, les lumières de la salle étaient allumées, leur arrivée attira sur eux l'attention des deux personnes présentes. du public et de ceux qui sont sur scène. Le théâtre était bondé au maximum de sa capacité, et partout il y avait des gens qui étaient des habitués des courses, ainsi que de nombreux coureurs venus en ville pour le Suburban. Grâce à eux, ainsi qu'à beaucoup d'autres qui, pendant trois jours, avaient vu d'innombrables photos de lui, Carter fut immédiatement reconnu. Pour le public et les interprètes, l'homme qui gagnait toujours présentait un intérêt bien plus grand que celui qui se déroulait sur scène pour la trois centième soirée. Et lorsque l'actrice principale, Blanche Winter, a demandé au comédien lequel il préférerait être : "L'homme qui a fait sauter la banque à Monte-Carlo ou l'homme qui ne peut pas perdre ?" elle a obtenu du public un rire facile et du chœur un rire excité.

Lorsque, à la fin de l'acte, Carter entra dans le hall pour fumer, il fut si vite encerclé qu'il chercha refuge à Broadway. De là, la foule le suivant toujours, il a été reconduit dans sa loge. Entre-temps, l'intérêt manifesté à son égard n'avait pas échappé à l'attaché de presse du théâtre, et il téléphona aussitôt aux bureaux du journal pour leur dire que Plunger Carter, le casseur de livres, était dans ce théâtre et que si c'était le cas, les journaux voulaient un l'occasion de l'interviewer sur l'issue probable du handicap classique qui se déroulerait le lendemain, lui, l'attaché de presse, les aiderait de manière désintéressée. En réponse à ces appels précipités, les journalistes du Ten o'Clock Club se sont rassemblés dans le hall. Dans quelle mesure ce qui a suivi est dû à leur présence et aux efforts de l'attaché de presse, seul ce monsieur peut le dire. C'est au deuxième acte que Miss Blanche Winter chantait sa chanson d'actualité. Dans ce document, elle conseillait au public, lorsqu'il souhaitait régler une question d'intérêt personnel ou national, de « s'en remettre à l'Homme sur la Lune ». Cette nuit-là, elle introduisit un vers dans lequel elle racontait son désir de savoir quel cheval était sur le cheval. demain gagnerait le Suburban et, dans le refrain, a exprimé sa détermination à « s'en prendre à l'Homme dans la Lune ».

Immédiatement, à l'arrière de la maison, une voix cria : « Pourquoi ne le confiez-vous pas à l'Homme à la Boîte ? » Miss Winter a ri – le public a ri ; tous les yeux étaient tournés vers Carter. Comme si l'idée leur plaisait, les gens de différentes parties de la maison applaudirent chaleureusement. Gêné, Carter repoussa sa chaise et tira le rideau de la loge entre lui et le public. Mais il n'était pas si facile de s'échapper. Laissant l'orchestre continuer sans écouter le prélude du couplet suivant, Miss Winter s'avança lentement et délibérément vers lui, souriant malicieusement. Dans une supplication burlesque, elle tendit les bras. Elle a fait un tableau des plus attrayants et des plus charmants, et elle en était parfaitement consciente. D'une voix assez forte pour atteindre toutes les pièces de la maison, elle s'adressa à Carter :

"Tu ne veux pas me le dire?" elle a supplié.

Carter, rougissant tristement, haussa les épaules en signe d'excuse.

D'un geste de la main, Miss Winter désigna le public. "Alors," la cajola-t-elle avec reproche, "tu ne leur diras pas ?"

De nouveau, instantanément, avec une rapidité et une unanimité qui semblaient étonnamment provenir d'huissiers bien répétés , plusieurs voix ont fait écho à sa pétition : « Donnez-nous à tous une chance ! cria l'un d'eux. « Ne gardez pas les bonnes choses pour vous ! » reprocha un autre. « Moi aussi, je veux devenir riche ! » gémit un troisième. Dans son cœur, Carter priait pour qu'ils s'étouffent. Mais le public, loin de ressentir les interruptions, les encourageait, et le malaise évident de Carter ajoutait à son amusement. Il l'a ensuite assailli d'applaudissements, d'appels, d'ordres de « parler ».

Les applaudissements devinrent généraux, insistants. L'audience ne serait pas refusée. Carter se tourna vers Dolly. Dans les recoins de la loge , elle appréciait sa situation difficile. Ses amis aussi se moquaient de lui. Indigné par leur désertion, Carter sourit d'un air vindicatif. « Très bien, » marmonna-t-il par-dessus son épaule. "Puisque tu trouves ça drôle, je vais te montrer!" Il retira son crayon de sa chaîne de montre et, étalant son programme sur le rebord de la boîte, se mit à écrire.

Du public s'éleva un murmure d'incrédulité, de surprise, d'intérêt excité. A l'arrière de la maison, l'attaché de presse, après un regard surpris, se replia en extase de joie. « Nous l'avons débarqué ! » Il haletait. « Nous l'avons débarqué. Il va craquer !

Dolly serra frénétiquement son mari par le pan de son manteau.

« Champion ! » elle a imploré, "qu'est-ce que tu fais?"

Assez calmement, avec assurance, Carter se leva. Se penchant en avant avec un signe de tête et un sourire, il présenta le programme à la belle Miss Winter. Cette dame a failli s'en emparer. Le projecteur était plein dans ses yeux. Tournant le dos pour pouvoir lire plus facilement, elle resta un moment debout, sa jolie silhouette tremblante d'impatience, ses jolis yeux fixés sur le programme . La maison s'était soudainement calmée et, d'un geste excité, le chef de l'orchestre ordonna à la musique de se taire. Un homme, débordant d'impatience, rompit le silence tendu. "Lis le!" il cria.

D'une voix effrayée qui, dans le silence soudain, n'avait rien de sa confiance habituelle, Miss Winter lut lentement : « Le favori ne peut pas tenir la distance. Menera sur un kilomètre et cédera la place à Beldame. Le bon prend la place. Le premier Mason le montrera. Beldame gagnera de loin.

Avant qu'elle ait fini de lire, une douzaine d'hommes s'étaient relevés avec difficulté et une centaine de voix lui hurlaient dessus. « Relisez ça ! » le chœur. Une fois de plus, Miss Winter lut le message, mais avant qu'elle ait fini, la moitié des personnes présentes dans les premiers rangs se levaient de leur siège et couraient dans les allées. Déjà les journalistes les devançaient et dans le quartier pas une cabine téléphonique n'était vide. En moins de cinq minutes, dans les hôtels du White Way où les sportifs ont l'habitude de se rencontrer, les commissaires aux paris et les commis aux livres furent soudainement agressés par des messieurs essoufflés, certains en tenue de soirée, d'autres sans col et d'autres sans chapeau, mais tous avec de l'argent pour parier contre le favori. Et, une heure plus tard, des hommes, courbés sous des piles de « figurants » de journaux, vomissaient des stations de métro au cœur de Broadway, et criaient d'une voix rauque : « Vainqueur du Suburban », seize heures avant que cette course ne soit courue. . Cette nuit-là, dans tous les grands journaux, du Maine à la Californie, fut diffusée la nouvelle que Plunger Carter, dans un théâtre de Broadway, avait annoncé que le favori du Suburban serait battu et, dans l'ordre, avait nommé les trois chevaux qui seraient les premiers. finition.

De haut en bas de Broadway, des rathskellers aux toits-jardins, dans les cafés et les palais du homard, aux coins des carrefours, dans les clubs et les restaurants ouverts toute la nuit, le pourboire de Carter était comme un chiffon rouge pour un taureau.

Le garçon était-il ivre, demandèrent-ils, ou sa chance miraculeuse lui avait-il fait tourner la tête ? Sinon, pourquoi proférerait-il si publiquement une prophétie qui, le lendemain, l'étoufferait certainement de ridicule. Les explications étaient variées. Les hommes dans les clubs pensaient qu'il était motivé par un désir de notoriété, les hommes de la rue qu'il était plus intelligent qu'ils ne le pensaient et qu'il avait agi en fonction de son propre livre, pour modifier les chances à son avantage. D'autres fronçaient mystérieusement les sourcils. Avec une foi superstitieuse en sa chance, ils ont souligné son palmarès. « A-t-il déjà perdu un pari ? Comment pouvons-NOUS savoir ce qu'IL sait ? » ont-ils demandé. "Peut-être que c'est réparé et qu'il le sait!"

Les « sages » hurlaient de dérision. « Une banlieue FIXE ! » rétorquèrent-ils. « Vous pouvez réparer UN jockey, vous pouvez en réparer DEUX ; mais on ne peut pas réparer seize jockeys ! Vous ne pouvez pas réparer Belmont, vous ne pouvez pas réparer Keene. Il n'y a rien à choisir Beldame, mais seul un fou choisirait le cheval pour la place et le spectacle, et exclurait le favori ! Le garçon devrait être à Matteawan .

Toujours imperturbable, toujours confiant envers ceux à qui il les avait promis, Carter envoya un télégramme. Il n'a pas non plus oublié son vieil ennemi, « Sol » Burbank. « Si vous voulez récupérer une partie de l'argent que j'ai pris », télégraphia-t-il, « effacez l'entrée de Belmont et prenez tout ce qu'ils proposent sur Delhi. Il ne peut pas gagner.

Et ce soir-là, quand chaque journal l'appelait à son appartement, il faisait la même réponse. « Les trois chevaux finiront comme je l'ai dit. Vous pouvez affirmer que j'ai donné l'information comme une sorte de cadeau aux habitants de la ville de New York.

Le lendemain matin, dans les journaux, « le conseil de Carter » faisait la une des journaux. Même ceux qui n'ont jamais ressenti d'inquiétude dans les courses de chevaux ne pouvaient s'empêcher de prendre le résultat de celui-ci avec un curieux intérêt. L'audace de la prophétie, son absurdité même, présupposant un pouvoir occulte, était en soi amusante. Et lorsque le rideau s'est levé sur le Suburban, il était évident que pour des milliers de personnes, ce que l'Homme qui ne pouvait pas perdre avait prédit était une déclaration sérieuse et inspirée.

Cette fois, ses amis se rassemblèrent autour de lui, non pour bénéficier de ses conseils, mais pour le protéger. « Ils vont vous harceler ! » ils ont prévenu. « Ils vont vous arracher les vêtements que vous avez sur le dos. Mieux vaut partir en escapade maintenant.

Dolly, les larmes aux yeux, était assise à côté de lui. De temps en temps, elle lui touchait la main. Sous sa loge, comme autour d'un bureau de presse le soir de l'élection d'un président, le peuple s'écrase dans une foule turbulente. Certains se moquaient et se moquaient, d'autres qui, grâce à son pourboire, avaient risqué chaque dollar, l'acclamaient avec espoir. De tous côtés, les policiers , craignant des ennuis, l'entouraient. Carter s'ennuyait extrêmement, regrettant sincèrement d'avoir cédé la veille au soir à ce qu'il considérait maintenant comme une impulsion perverse. Mais il était toujours confiant, toujours pas consterné.

Aux yeux de tous, sauf celui de Dolly, il était de tous ceux présents sur la piste le moins concerné. Il se tourna vers elle et, à voix basse, lui parla rapidement. «Je suis vraiment désolé», supplia-t-il. « Mais effectivement, je ne peux pas perdre. Vous devez avoir confiance en moi.

"En toi, oui", répondit Dolly dans un murmure, "mais dans tes rêves, non!"

Les chevaux passaient en direction du poste. Carter rapprocha son visage du sien.

« Je vais rompre ma promesse, dit-il, et faire un pari de plus, celui-ci avec toi. Je te parie un baiser que j'ai raison.

Dolly, retenant ses larmes, sourit tristement. « Faites-en cent », dit-elle.

La moitié des quarante mille personnes présentes sur l'hippodrome avaient soutenu Delhi, l'autre moitié, suivant la chance de Carter et sa confiance en proclamant ses convictions, avait soutenu Beldame. Plusieurs centaines de personnes étaient allées jusqu'à parier que les trois chevaux qu'il avait nommés finiraient comme il l'avait prédit. Mais, malgré le conseil de Carter, Delhi était toujours le favori, et quand des milliers de personnes ont vu les pois de Keene bondir vers l'avant et y rester de deux longueurs, pour le quart, la demie et les trois quarts, l'air était brisé de cris jubilatoires et triomphants. Et puis tout à coup, avec la rapidité d'un film, au moment même de sa victoire, Beldame se glissa sur le favori, s'approcha, le dépassa et le laissa battu. C'était au mile.

La veille au soir, un homme s'était levé dans un théâtre et avait dit à deux mille personnes : « Le favori mènera le kilomètre et cédera la place à Beldame. » S'ils l'avaient cru, les hommes qui se maudissaient maintenant auraient pu vivre de leurs gains pour le reste de leur vie. Ceux qui avaient suivi fidèlement et superstitieusement sa prophétie poussaient désormais des cris d'autosatisfaction joyeuse et déchaînée. « Au MILE ! » ils ont crié. «Il vous l'a dit, au MILE!» Ils se tournèrent vers Carter et lui brandirent des chapeaux Panama. "Oh, toi Carter!" crièrent-ils avec amour.

C'était plus qu'une course que la foule regardait maintenant, c'était la réalisation d'une promesse. Et quand Beldame résista à la course de Proper, et que Proper tomba deuxième, et que First Mason suivit trois longueurs à l'arrière, et dans cet ordre ils passèrent sous le fil, les cris n'étaient pas qu'une course avait été gagnée, mais qu'une prophétie avait eu lieu. été accomplie.

Parmi les milliers de personnes qui ont acclamé Carter et lui ont arraché ses vêtements, un seul de ses amis était suffisamment altruiste pour penser à ce que cela pouvait signifier pour Carter.

« Champion ! » rugit son ami en lui frappant les deux épaules. « Espèce de vieux sorcier ! J'en gagne dix mille ! Combien gagnez-vous ?

Carter jeta un rapide coup d'œil à Dolly. Il a dit : « Je gagne bien plus que ça. »

Et Dolly, levant les yeux vers les siens, hocha la tête et sourit avec contentement.